par la poste, 1 franc 25

CHANTS
DU DROIT ET DE L'ÉPÉE

DÉDIÉS

A L'ALSACE-LORRAINE

PAR

OCTAVE **DUCROS** (DE SIXT)

PARIS
HATON, LIBRAIRE-ÉDITEUR
55, RUE BONAPARTE, 55

CHANTS
DU DROIT ET DE L'ÉPÉE

PARIS. — IMP. SIMON RAÇON ET COMP., RUE D'ERFURTH, 1.

CHANTS
DU DROIT ET DE L'ÉPÉE

DÉDIÉS

A L'ALSACE-LORRAINE

PAR

OCTAVE **DUCROS** (DE SIXT)

PARIS

HATON, LIBRAIRE-ÉDITEUR

35, RUE BONAPARTE, 35

—

1874

Tous droits réservés.

CHANTS
DU DROIT ET DE L'ÉPÉE

*Kœrner fit chanter à l'*ÉPÉE
Son hurrah si retentissant.
Elle avait soif! il l'a trempée,
Avide et froide, en notre sang.

Les roses rouges du carnage
Ont fleuri pour la couronner.
A notre acier, ce chaud breuvage!
A nous, ces roses pour l'orner!

Voy. *la Chanson de l'Épée,* p. 115.

Que ce chant fier ici jaillisse !
A leur tour, nos anciens vaincus,
Ces amis purs de la justice,
Vainqueurs, ne la connaissent plus !

Ton ÉPÉE, ô France, tressaille :
Elle veut se désaltérer.
C'est pour le DROIT qu'elle travaille
Fais la boire — sans l'enivrer !

CARTES DE FRANCE ET D'ALLEMAGNE

I

Déployons-la chacun, cette carte funeste
    Tracée hier par nos vainqueurs ;
Au mur de nos foyers fixons-la ; qu'elle y reste,
    Frappant nos yeux, blessant nos cœurs !

Partout, dans les cités, les châteaux, les villages,
    Dans la mansarde, sous nos toits,
Dans la chaumière, au lieu des naïves images
    De nos victoires d'autrefois !

Chaque jour regardons, ici, la tache sombre,
    Lugubre, écartant ses deux bords,
Semblable au noir sépulcre ouvert, semblable à l'ombre
    Dans laquelle on descend les morts.

Cette ombre, elle te couvre, Alsace, et toi, Lorraine !
    O deuil sanglant ! immense affront !
Tes fils, âpre Allemagne, ont assouvi leur haine ;
    Mais ont-ils compris ce qu'ils font ?

Se sont-ils aperçus qu'ils en allumaient une
    Qu'un peu de sang n'éteindra pas ?
Ne craignent-ils donc plus les coups de la fortune
    Au jeu terrible des combats ?

Le droit, plus tard, reprend ce que la force arrache,
    Triomphante en un jour mauvais.
Tant que nous n'aurons pas effacé cette tache,
    Au fond de nos cœurs point de paix !

Que jusque-là nos murs parlent donc de vengeance !
    Réveillant le noir souvenir,
Qu'ils nous montrent, avec le deuil de notre France,
    Le grand devoir de l'avenir !

Puisse, Alsace, ton nom, flamboyant aux murailles,
    Bientôt, par un juste destin,
Pour tes maîtres marquer l'heure des funérailles
    Près de l'ivresse du festin !

II

A celle-ci donnons près de l'autre sa place ;
Que nos murs indignés ne la repoussent pas !
France, Allemagne, ici trouvez-vous face à face,
Comme vous y serez à l'heure des combats.

Mesurons du regard le puissant adversaire
Pour ne point défaillir au moment de l'effort ;
Pressentons la fureur de ce choc nécessaire :
Nous y porterons mieux un cœur ferme, un bras fort !

Point de rêve orgueilleux ! point d'illusion vaine !
Quand nous nous lèverons, nous les trouverons prêts ;
Quand nous arriverons, ils rempliront la plaine,
Et les coteaux boisés, et les vastes forêts.

Alsace, ils rempliront tes vieilles citadelles,
Ces murs vaillants, criblés naguère de leurs coups,

Nos propres murs, contraints à nous être infidèles,
Et, par force, pour eux combattant contre nous !

Derrière toi, formant leur cercle infranchissable,
Au delà de ce Rhin, notre rempart d'hier,
Ces cités qui, trouvant le granit vulnérable,
Sur leur granit ont mis la cuirasse de fer [1].

Contemplons ce grand corps dans sa force et sa masse,
Et ce vaste réseau qui doit faire accourir,
Rapide et noir torrent, au bras qui nous menace,
Tout le sang de ce cœur qui sait si bien haïr !

Étudions longtemps la route par laquelle
Enfin, nous atteindrons la place où, triomphants,
Nous aurons en entier cette France si belle
Que nos pères aimaient, qu'aimeront nos enfants.

Sans que ce long travail cesse ou se ralentisse,
Cherchons encor, toujours ! On accumule en vain
Devant elle remparts et soldats, la justice
A son but : tôt ou tard elle aura son chemin !

[1] On sait que les Allemands emploient le *blindage* dans leur système de fortifications.

LE DERNIER JOUR DE L'OPTION

As-tu jamais été plus lugubre et plus sombre,
O nuit? as-tu jamais, sur ce globe attristé,
Vu la force implacable écraser dans ton ombre,
Sous un plus grand forfait, la pâle humanité?
Rien ne semble troubler la paix de ton silence;
Mais quel cri déchirant et quel sanglot immense,
Soudain, de ces foyers où personne ne dort,
Sortirait, si chacun, plein d'un morne courage,
Ne retenait ses cris et ses larmes de rage
Derrière ces murs noirs, muets comme la mort!
Dans les réduits secrets de toutes ces chaumières,
Dans ces grandes cités d'où ne monte aucun bruit,
Un peuple tout entier voit ses heures dernières

Tomber l'une après l'autre en ton abîme, ô nuit!
Demain sera le jour fixé pour le supplice.
On surveille son cœur de peur qu'il ne faiblisse :
Au grand jour il faudra marcher calme et serein ;
Au vainqueur il faudra refuser cette joie
De voir agoniser dans l'angoisse sa proie.
On est prêt. — Mais voici que déjà, vers le Rhin,
Le ciel blanchit... Vieillards, enfants, vaillantes femmes
Hommes si résolus, vous chancelez ! Mon cœur
Entend ces douces voix, cruelles à vos âmes,
Et fortes contre vous, plus que ce dur vainqueur.

L'ALSACE

Pourquoi fuir loin de cette terre
Dont le sein vous avait nourris ?
Pourquoi cet exil volontaire,
Fils malheureux, mais non proscrits ?

O la sinistre destinée !
Jours passés de joie et d'orgueil,
Siècle d'horreur dans une année
Dont je porte avec vous le deuil !

N'ajoutez pas à nos épreuves !
Achevant ces tristes destins,
Ne rendez pas mes cités veuves,
Ne vous faites pas orphelins !

Gardez au moins votre patrie !
Hélas ! frappés des mêmes coups,
Vous tout saignants, et moi meurtrie,
Ensemble encor, consolons-nous !

Les chers souvenirs de vos âmes,
Moi seule vous les montrerai.
Vous qui si hardiment aux flammes
Disputiez ce dépôt sacré,

Aujourd'hui qu'en voulez-vous faire ?
Ces vieux murs, ce foyer noirci,
Dans le champ des morts cette pierre,
Se peut-il qu'on les laisse ainsi ?

Restez ! restez ! je suis fidèle.
Vous rappelez-vous qu'autrefois,
Hier encor, vous trouviez belle
Ma vallée, et beaux mes grands bois ?

Restez ! de vos heures futures
Je vous ferai des jours plus doux.
Je guérirai de mes blessures :
O mes fils ! que ce soit pour vous !

CEUX QUI PARTENT

Que nous demandes-tu, sol natal, douce terre ?
    Aime-nous assez pour te taire,
Et ne torture pas des cœurs désespérés.
    Laisse-nous chercher notre voie :
Es-tu notre patrie encor, restant la proie
    De nos ennemis abhorrés ?

Respecte, cher pays, notre amère souffrance !
Tu sais si nous t'aimions, tant que tu fus la France !
    Faut-il partir ? faut-il rester ?
Choix impie, exigé du peuple au cœur fidèle !
Demeurer avec toi, c'est nous séparer d'elle !
    Te rester, c'est la déserter !

Adieu ! notre âme emporte au loin ta pure image ;
Mais nos yeux à ton front ne verront pas l'outrage !
    Nous aimons mieux errer demain,
      Sans foyers, dans le vaste monde,
Que de nous rencontrer, sur ta plaine féconde,
    En face du maître germain !

Adieu ! ne parle plus de la maison bénie
D'où pour nous toute joie à jamais est bannie ;
Ne nous les montre plus, ces tombeaux désolés.
Leurs habitants muets sont des fils de la France ;
S'ils pouvaient se lever, s'ils rompaient le silence,
Ils diraient : « C'est là-bas qu'est la patrie : allez ! »

CEUX QUI RESTENT

    Et nous, faut-il nous faire entendre
    Et sur nous appeler vos yeux ?
    Laissons à son repos la cendre
    De ceux qui furent nos aïeux.
    Mais nous, nous, condamnés à vivre,

Nous qui ne pouvons pas vous suivre,
Nous, votre sang, nous, votre chair,
Le soir de ce jour près d'éclore,
Pourra donc nous trouver encore
Hélas ! plus malheureux qu'hier ?

Qu'il soit maudit, ce jour funeste
Qui froidement vient nous montrer
Qu'après tant de pleurs il nous reste
Le dernier bonheur à pleurer !
Quand, au fond des maisons désertes,
Seuls pour compter toutes nos pertes,
Nous aurons vu s'évanouir,
Dans cette ombre autrefois chérie,
La famille après la patrie,
Vienne la mort nous secourir !

Mais partez ! pas de plaintes vaines !
Nous ne vous crions point : Restez !
Nous nous sentons les âmes pleines
De l'horreur que vous ressentez.
Votre triste exil est la fête ;
Nous, que va tenir la conquête,
Serons, chez nous, les exilés !

Adieu ! que le sort s'accomplisse !
Et pensez à notre supplice
Sur le sol libre où vous allez !

Je n'ai plus entendu ceux qui partent, répondre.
Des mots entrecoupés viennent de se confondre,
Tels que ceux qu'on échange au chevet d'un mourant.
N'est-ce là qu'un départ dont l'attente est finie,
Ou plutôt n'est-ce pas l'heure de l'agonie ?
L'homme qui, tout à coup, dans sa force expirant,
Refoulant dans son sein un cri plein d'épouvante,
Sentirait arracher, sur lui, sa chair vivante,
Souffrirait-il donc plus que ces infortunés,
Père quittant l'aïeul, fils s'arrachant au père ?
Souffrirait-il autant que souffre ici la mère
En regardant la couche où ses fils lui sont nés ?

Le soleil a paru. Sous la voûte céleste,
Quiconque voudra voir, contemplera le reste
De ce drame sans nom dans la nuit commencé.
On croyait qu'en dehors des ombres du passé
Nul ne rencontrerait jamais ce rêve horrible.
Aux clartés du grand jour il redevient visible ;

Plus qu'il ne fut jadis, le voici triomphant !
Chaque famille alors, de l'aïeul à l'enfant,
Tout entière marchait, loin du pays qu'on aime,
Sans y laisser ainsi les débris d'elle-même.
Par quel progrès nouveau ce siècle devait-il
Pour un peuple ajouter le martyre à l'exil ?

Au loin, partout, la grande foule
Dont les flots couvrent le chemin.
Ce fleuve en se hâtant s'écoule :
On veut qu'il soit tari demain.
A chaque pas, ces flots grossissent ;
Des vallons profonds ils jaillissent ;
On les voit descendre en courant
De tous les versants des collines.
Hameaux lointains, cités voisines,
S'engloutissent dans ce torrent.

On va : le malade se traîne ;
Le mourant veut être emporté ;
Il consent que la mort le prenne,
Mais non sous le joug détesté.
L'ardeur revient à la vieillesse ;

Te voici surtout, ô jeunesse,
Pour demain offrant tes soldats !
Servir un autre que la France !...
Pour atteindre à leur délivrance,
Comme ceux-ci pressent le pas !

Derrière eux sont les champs fertiles
D'où leurs bras tiraient un trésor ;
Derrière eux s'étendent les villes
Où leur travail appelait l'or.
Ils ont saisi ce qu'on emporte
Quand la flamme lèche la porte,
Quand l'instant suprême est venu,
Où le navire, ouvert par l'onde,
Pénètre dans la mer profonde.
On va... Devant est l'inconnu !

L'inconnu ! si, sur votre route,
L'amour qui d'ici tend les bras,
L'amour dont nul de vous ne doute,
Pouvait l'écarter de vos pas !
Mais le pain, qu'il est dur d'attendre,
Tous ces foyers qu'il faut vous rendre,
Comment à tous les assurer ?

O la confiance sublime !
Venez apporter, de l'abîme,
L'espérance, et nous la montrer !

Quand à ce jour le soir eut succédé, la plaine
Du bruit de tant de pas cessa de retentir.
On n'aperçut plus rien de cette foule humaine :
Dans cette nuit d'exil où va-t-elle dormir ?
Tout, sur la terre, était silence et solitude ;
Et, dans son sein tranquille, une autre multitude,
Les morts de nos combats, au fond des bois épais,
Dans les vallons obscurs, près des cités guerrières,
Reposaient tout sanglants. Y dormaient-ils en paix ?
Ces morts, heureux d'avoir pu fermer leurs paupières
Avant qu'au cœur de tous on eût pris ce lambeau,
Ne sentent-ils donc pas, à ce poids qui leur pèse,
Qu'ils ne sont plus couchés dans la terre française,
Que leur tombe héroïque a perdu son drapeau ?
Aucun bruit du vainqueur n'effarouche l'oreille ;
Il ne voit rien. Qu'importe ? Il n'entend rien... J'entends !
Les vivants et les morts, je sais qui les réveille :
Dans l'ombre je te vois, ô Dieu juste, et j'attends !

LA LIBÉRATION

Un an s'est écoulé... De l'ombre
Jaillit un rayon, pâle encor.
Est-ce toi qui, dans cet air sombre,
Espérance, prends ton essor ?

Ils repassent notre frontière ;
Ils ont voulu voir, de leurs yeux,
Défiler la rançon entière
Des vaincus aux victorieux.

Ah! s'ils n'emportaient que leur gloire
Et notre or, sans nous mutiler,
Sans que le char de leur victoire
Servît à nous écarteler,

Peut-être notre cœur, ô France,
D'amertume, hélas! trop rempli,
Dans le jour de ta délivrance
Se ferait une heure d'oubli !

Toi, que je vis gisante à terre,
Leur talon sanglant sur ton sein,
Je t'écouterais, ô ma mère,
Respirer librement enfin !

A toi seule alors ma pensée !
A toi tous mes regards joyeux !
Mais mon regard, noble blessée,
Suit en pleurs celui de tes yeux.

Quel fruit de la rançon entière !
Le vainqueur acharné sur nous
Repasse-t-il notre frontière ?
Strasbourg et Metz, qu'en pensez-vous ?

La réponse, on a pu l'entendre !
A nous, le peuple désarmé,
Elle a fait vaillamment comprendre
Qu'on reste fort, étant aimé.

L'an dernier, sous le poids des chaînes,
Le cœur fier, le corps frémissant,
Vous avez tiré de vos veines
Pour nous le plus chaud de leur sang.

La dette de reconnaissance
Reste, hélas ! à payer encor.
Pour l'acquitter, prépare, ô France,
Tout ton sang, et non plus ton or !

Et point de repos ni de fête
Jusqu'à l'heure où ta voix d'airain,
Joyeusement, dans la tempête,
Fera tonner l'écho du Rhin:

LE SALUT

Attends encor, pauvre Alsace.
Quand le vent d'ouest souffle et passe
Sur les Vosges, qu'entends-tu ?
Au bruit confus qui t'arrive
Tu te dressais attentive;
Ton front retombe abattu.

Aux fiertés de ton silence,
A l'indomptable espérance
Gardée en ton deuil profond,

A tes angoisses fidèles,
C'est le cri de nos querelles,
Souvent, hélas! qui répond.

Ah! de l'unique colère
Si rien ne venait distraire
Ceux qui, tous, doivent s'aimer;
Quand l'ennemi nous contemple,
Contre lui de son exemple
Si nous savions nous armer,

Bientôt, malgré les rhingraves,
Tes mains, libres des entraves
Dont l'Allemand t'enchaîna,
Applaudiraient aux batailles
Qui seront les représailles
De Sedan, notre Iéna!

Cette Prusse n'eut qu'une âme
Brûlant d'une seule flamme
Qui, dès les neiges d'Eylau,
A couvé sous la contrainte,
Et qui ne s'est pas éteinte
Dans le sang de Waterloo.

Et quand, du sombre incendie
La flamme s'est agrandie
Au cœur de tous les Teutons,
Nous, famille désunie,
Sans plus voir la Germanie,
Est-ce ainsi que nous luttons?

Nous qui délivrons les autres,
Voulons-nous laisser les nôtres
Entre les mains des bourreaux ?
Allons-nous par ce délire
Aggraver ton long martyre
Et redoubler tes sanglots ?

Chez toi, l'heure qui s'écoule,
Le pied pesant qui te foule,
La parole au dur accent
Qui sort de lèvres hautaines,
Fait monter le flot des haines,
Muet, sombre et menaçant.

Dans ta poitrine meurtrie,
L'amour saint de la patrie
Remplit ton cœur déchiré;

Plus le bourreau te torture,
Plus puissant de la blessure
Rejaillit le flot sacré.

N'attends plus, mais communique
Ici ton amour unique,
Ici tes justes fureurs ;
Dans ton deuil unis la France :
L'œuvre de ta délivrance
Aura sauvé tes sauveurs !

A NOS ÉCOLIERS

Depuis longtemps, hier encore,
Votre sommeil, doux écoliers,
Bien loin de vos yeux, dès l'aurore,
S'enfuyait à ces sons guerriers.

Le tambour, à chaque journée,
Marquait, de sa bruyante voix,
L'heure à l'étude destinée
Et celle où le rire a ses droits.

Si quelques-uns rêvaient de guerre
En écoutant son roulement,
Combien d'autres n'y songeaient guère !
Et tous alors jouaient gaiement.

Gardez-les, ces jeux de votre âge ;
Mais plus gravement, dès ce jour,
Écoutez le nouveau langage
Que vous tient ici le tambour.

Même en votre saison si belle
Que les soucis ne troublent pas,
Sa voix aux armes vous appelle,
Comme elle fait pour les soldats.

Allégrement chacun y vole ;
Quelle ardeur éclate en vos yeux !
Mais ce n'est point un jeu frivole.
Quand, loin du calme de ces lieux,

Vous viendrez prendre chez les hommes
Votre place, d'un pas viril,
Qu'il vous faudra voir, où nous sommes,
Pour longtemps la joie en exil ;

Tous, tous, vous l'entendrez encore,
Ce tambour, comme aux jours de paix,
Proclamer, de sa voix sonore,
Un devoir sacré désormais.

Ce fusil, de votre jeunesse
Redeviendra le compagnon.
Plus de langueur! point de mollesse!
Outre le fusil, le canon!

Apprenez bien cet art horrible.
L'humanité doit en pleurer;
Cet art, après l'heure terrible,
Puissent vos enfants l'ignorer!

Mais autre est votre destinée.
Vous, grandis parmi nos douleurs,
La tâche qui vous est donnée
C'est de voir la patrie en pleurs,

De l'écouter, puis de lui dire :
« Ces larmes, nous les sécherons! »
A vous donc le brûlant délire
Qu'allument tambours et clairons!

A vous donc la force des chênes
Qui reçoit le choc sans plier,
Le gymnase, aux fatigues saines,
Qui rendra vos membres d'acier !

Mais, quand le tambour vous rappelle
A vos travaux silencieux,
Saluant la force immortelle
Qu'on ne voit point avec les yeux,

Faites par elle former l'âme !
L'autre, seule, est un vain orgueil.
C'est vous tout entiers que réclame
La France pour quitter son deuil :

Car le sourire de la gloire
N'illumine que le vainqueur
Qui, couronné par sa victoire,
Triomphe plus par son grand cœur !

LE BOUQUET DE STRASBOURG [1]

I

Cessez-les, ces noires trames;
Malheur aux rébellions!
Prenez garde, jeunes femmes,
Vous irritez ces lions!

Qu'on soit faible, qu'on soit belle,
Le crime a son châtiment!
L'arme rend l'homme rebelle,
Vous, rebelles, l'ornement.

---

[1] Défense ayant été faite aux femmes, en Alsace, de porter les trois couleurs françaises, on vit se promener ensemble, à Strasbourg, trois jeunes femmes, dont chacune portait une seule de ces couleurs.

Quoi! sur le front, au corsage,
Réunir ces trois couleurs
Qui font écumer la rage
Sur la lèvre des vainqueurs!

Quoi! la bouche restant close,
Outrager le maître ainsi?
Malheur à celle qui l'ose!
Car la force est reine ici.

II

Sont-ce là trois sœurs ou bien trois amies?
Salut! Avancez, ô groupe charmant!
Que ses rages soient, ou non, endormies,
Passez sans trembler devant l'Allemand!

Aucune de vous ne craint sa colère;
Vous avez si bien souscrit à ses lois!
Et peut-être même allez-vous lui plaire :
On dit qu'il est doux et rêveur parfois.

L'une a revêtu sa blanche parure.
Peut-on repousser le beau lis des champs ?
Et la pâquerette au bord de l'eau pure,
Il l'a bien des fois chantée en ses chants.

L'autre a préféré la couleur céleste.
Vive le bluet parmi les moissons,
Le myosotis dont le doux nom reste
Le refrain aimé de tant de chansons !

Et l'autre a choisi... Dites si la rose
Ne peut pas montrer son vif incarnat !
Chacune des fleurs a droit d'être éclose...
Et le frais bouquet forme un attentat ?

III

O Germain, n'attends pas le rire,
Il est loin d'ici, ce railleur !
Mais, si dans l'âme tu sais lire,
Quelle doit être ta pâleur !

Au cœur de toute jeune fille
Qui passe avec un front si pur,
Grâce d'une heureuse famille,
Ton œil féroce serait sûr

De voir, fleur vivace et prospère,
La haine croître et s'empourprer,
Rendant mortelle l'atmosphère
Où tu cherches à respirer !

UN RÊVE INTERROMPU

C'était pendant la nuit. Un ami de la paix
En dormant se croyait successeur de Guillaume.
Dans ce rêve il médite, au fond de son palais,
Comment, ayant reçu ce glorieux royaume,
On peut à tant de gloire ajouter un rayon.
Il offre ces deux buts à son ambition
— Car il faut qu'un grand prince ensemble les atteigne : —
Le bonheur de son peuple et l'éclat de son règne.
Parcourant du regard ses États agrandis :
« La victoire a partout suivi nos pas hardis,
« Se dit-il; sans subir revers ni représailles
« Nous avons triomphé dans toutes nos batailles.

« Ce que de longs efforts souvent tentent en vain,
« Quelques jours de combats nous l'ont donné soudain ;
« Nos victoires ont pris son vol sûr au tonnerre,
« Et le monde, surpris de voir, autour de nous,
« Foudroyés et gisants après nos premiers coups,
« Les plus vaillants soldats qu'eût admirés la guerre,
« De nos anciens rivaux dans ce rude métier
« Vient de changer les rangs pour nous mettre au premier.
« Là, tout est obtenu ; notre gloire est complète.
« Mais horrible est le prix dont il faut qu'on l'achète.
« Ces combats, je les vis ; et je sais par mes yeux
« Ce qu'ils coûtent de sang, même aux victorieux.
« Et cependant, voici la France humiliée
« Qui ne peut point laisser aux mains de son vainqueur
« La Lorraine meurtrie et l'Alsace oubliée,
« Sans qu'elle y perde tout, y perdant son honneur.
« Ces provinces, le cœur toujours tourné vers elle,
« Mêlent leur désespoir à son ressentiment ;
« A défaut de leur voix, leur âme la rappelle.
« Va-t-on revoir demain l'immense égorgement ?
« Et faudra-t-il encor, tout près des larges tombes
« Qui recouvrent là-bas tant des nôtres, creuser
« Des tombeaux plus profonds pour d'autres hécatombes ?
« Non, mon peuple toujours ne doit pas arroser

« La terre de son sang, et je dois tout oser,
« Quand la gloire a souri si bien à cet empire,
« Pour amener la paix féconde à lui sourire !
« Puisse, une fois, le fer conquérir l'âge d'or !
« Je t'ai vaincue, ô France, et veux te vaincre encor ;
« Reprends, je te les rends, la Lorraine et l'Alsace.
« Nos siècles de combats, que ce jour les efface !
« Entre nous il fera, pour l'éternelle paix,
« Ce qu'après tant d'efforts dont a gémi l'histoire,
« Au plus heureux moment, la main de la victoire,
« Inhabile au bonheur, hélas ! ne fit jamais !
« Telle qu'avant la lutte hier tu l'occupais,
« Prends ta rive du Rhin en face de la nôtre ;
« Viens ; nous ne craignons plus de retour triomphant ;
« En armes tu ne peux passer d'un bord sur l'autre ;
« L'opprobre t'y suivrait : car l'honneur le défend ! »

Le dormeur s'éveilla. Près d'Essen, la campagne
Entendait sur l'acier tomber les lourds marteaux.
Ce Rhin, qu'on appelait un fleuve d'Allemagne,
En attendant le sang, roulait ses grandes eaux,
Et, pour rendre le coup dont on l'avait frappée,
La France lentement aiguisait son épée !

LA STATUE DE KLÉBER

A STRASBOURG [1]

Quand, des champs de tes batailles,
On te rapporta jadis,
Héros, pour des funérailles
Dignes d'Héliopolis;
Quand, dans ta ville natale,
Sur la tombe triomphale
Ce bronze fier s'élevait,
Ce devait être un hommage :

---

[1] Rapporté d'Égypte en 1801, le corps de Kléber resta à Marseille, au château d'If, jusqu'en 1818, époque à laquelle Louis XVIII ordonna qu'il serait placé dans un monument élevé à Strasbourg, en l'honneur de ce général. Ce monument fut érigé en 1840.

Hélas ! c'était un outrage,
Kléber, qu'on te réservait !

Sous les cieux brillants et calmes,
Mieux valait ensevelir,
Non loin du Nil, sous les palmes,
Le combattant d'Aboukir.
A l'ombre des Pyramides,
Soldat aux mains intrépides,
Tu dormirais doucement,
Toi qui sers, à cette place,
Au cœur de ta chère Alsace,
De trophée à l'Allemand !

La France ne pouvait craindre,
Quand tu repassais la mer,
Que cet affront dût atteindre
Son Strasbourg et son Kléber.
Avant nos longs jours de gloire,
Si quelquefois la victoire
Un instant nous trahissait,
Dans ces retours de la guerre,
Dès qu'il touchait notre terre,
L'ennemi disparaissait.

Il disparaissait... Il reste
Il est le maître aujourd'hui !
Mais puisqu'un jour si funeste
Aux yeux de la France a lui,
Puisque l'Alsace est captive,
Si tu pouvais, sur la rive
Qui vit tes lointains combats,
O Kléber, choisir toi-même
Ton lieu de repos suprême,
Non, tu ne changerais pas !

Dans une tombe inutile
Doit-on dormir étendu,
Quand, debout, à cette ville
Il faut parler de vertu ?
Ce qu'à tous donne de flamme
Le foyer d'une grande âme,
Près d'ici tu l'as montré.
O défenseur de Mayence,
Dans Strasbourg, cité de France,
Attise ce feu sacré !

La sentinelle allemande
Croit que ce bronze est muet ;

C'est ailleurs qu'on lui commande
D'ouvrir son œil inquiet.
Mais, quand son pas monotone
Le long des remparts résonne,
Puis s'éloigne, puis revient,
La vaillante prisonnière
Avec ton âme guerrière
D'espoir tout bas s'entretient.

Devant ton mâle visage,
Elle doit souvent sentir,
Aux souvenirs d'un autre âge,
Son cœur triste s'affermir.
Sur vous deux le ciel est sombre ;
Mais, au sein même de l'ombre,
Le courage est radieux ;
Et tu redis à la veuve
Comment, des jours de l'épreuve,
On fait des jours glorieux.

Quels triomphes quand l'Afrique
Devant tes soldats tremblait !
Mais quelle scène héroïque
Quand Mayence se rendait !

Goethe[1], à la lointaine histoire
A conservé la mémoire
Des farouches cavaliers
Qui, si haut, dans la retraite,
Faisaient vibrer la trompette
Et levaient leurs fronts altiers !

Ils devaient céder ! Qu'importe?
L'ennemi les vit passer,
Silencieux, par la porte,
Puis, terribles, s'avancer ;
Puis, quand on fut en présence,
L'hymne guerrier de la France,
Tout frémissant, retentit :
C'est au pas qu'ils défilèrent ;
Et les Germains frissonnèrent :
C'est un Germain qui l'a dit !

Ici, point d'hymne de guerre
A l'oreille du vainqueur.
Strasbourg encor doit se taire :
Le silence a sa terreur !

---

[1] *Reddition de Mayence*, p. 117.

Sans que le cuivre résonne,
Voir le vainqueur qui frissonne,
Et l'entendre le nier,
C'est la volupté sublime
Que la force, à sa victime,
Doit elle-même envier !

Tant que votre épreuve dure,
Strasbourg peut, autour de toi,
Kléber, venger son injure
En infligeant cet effroi ;
Et, quant à l'escadron sombre
Qui fait pâlir le grand nombre
Aux accents de ses clairons,
Si notre France est la France,
Que Strasbourg ait patience :
Nous le lui ramènerons !

LES ESPIONS

Entre la France et nous, lorsque, barrière morne,
S'étendaient vos noirs bataillons ;
Lorsque notre univers partout avait pour borne
Le rempart que nous défendions ;

Le cœur désespéré de vainement attendre
La voix de tant d'êtres chéris,
A la patrie au moins nous voulions faire entendre
La nôtre, celle de Paris.

Des hommes l'emportaient par delà les nuages,
   Dans l'azur glacial des cieux.
Et vous voyiez passer tous ces hardis messages,
   D'en bas, impuissants, furieux.

Si celui qui tentait le voyage céleste
   Parfois tombait entre vos mains,
Ce naufragé trouvait sur la terre funeste
   Votre équité, guerriers germains.

— On doit en espion traiter ce téméraire,
   Criait-elle. — Mais, ô guerriers,
Ce qu'est un espion, c'est sans doute un mystère
   Qu'à ce moment vous ignoriez?

Se cacher pour nous voir en sûreté, surprendre
   Nos secrets... voilà l'espion !
Son dévouement parfois à l'honneur peut prétendre ;
   Mais voici la vile action !

Venir, humble et l'air doux, frapper à notre porte,
   Implorer sa part au foyer,
S'installer, vivre là, suivre ce qu'on emporte
   Du champ fécond jusqu'au grenier ;

Compter d'un œil discret les troupeaux à l'étable
    Et les chevaux à l'abreuvoir ;
Lorsque la nuit descend et qu'on vient à la table,
    Parmi la famille s'asseoir,

Supputer ce que l'hôte a de plus dans sa bourse ;
    Dans tous les sentiers d'alentour
Se glisser, et noter bois, maison, ravin, source ;
    Puis, soudain, revenir un jour,

Le regard menaçant, le front altier, la lance
    En arrêt ou le sabre au poing,
Et le piller, cet hôte, avec pleine science,
    Ceci ne le saviez-vous point?

Ce métier fut le vôtre, et non pendant des heures,
    Mais pendant des mois et des ans.
Et vous osez encore, autour de nos demeures,
    Faire entendre vos pas pesants ?

Que l'on prépare ainsi par deux fois les conquêtes,
    Germains, pouvez-vous le penser ?
Chacun avec horreur a vu ce que vous êtes ;
    Chaque seuil doit vous repousser !

LE FOU

La vérité, de ta bouche
Sort hélas ! pauvre insensé ;
Ta clameur triste et farouche
Comme un glaive m'a blessé.

« On m'a volé mon Alsace ! » [1]
Criais-tu, les yeux ardents,
Tremblant de rage, la face
Livide, et l'écume aux dents.

---

[1] Cri que poussait, dans ses accès de folie furieuse, Wilhelm H..., originaire d'Oshausen (Bas-Rhin), qui s'était signalé par son courage dans la dernière guerre, et avait mérité, après la bataille de Gravelotte, d'être mis à l'ordre du jour de l'armée.

Et de ta sombre colère,
Le fer nu, tu poursuivais,
Dans sa fuite imaginaire,
Le voleur que tu rêvais.

Oui, notre Alsace est « volée »;
C'est le butin du plus fort ;
Mais ton âme désolée
S'égare en un vain effort.

Parfois la raison échappe
Aux mères, près d'un berceau,
Quand dans leurs bras la mort frappe
Et met l'enfant au tombeau.

Un fils qui pleure sa mère
Peut perdre aussi la raison,
S'il a, sans que la lumière
Se voilât à l'horizon,

Dû voir, sous mille tortures,
Ce corps sacré tressaillir,
Et dans le sang des blessures
Cette âme aimante partir !

Ta raison vient de s'éteindre
Sous les flots de ta douleur,
Et ton bras ne peut atteindre,
Pauvre insensé, le vainqueur !

Pour inquiéter sa joie,
Pour troubler son calme heureux,
Pour lui reprendre sa proie,
Il faudra des bras nombreux.

Pour choisir l'heure et la place,
Pour bien mesurer les coups,
Il faudra la sage audace
Des vaillants et non des fous.

Mais qu'à ce fou nul n'oublie
Que l'on doit la guérison.
Gardons son cri de folie :
Nous lui rendrons sa raison !

RENTRÉE DE L'ARMÉE FRANÇAISE

A NANCY

Comme on salue ici le drapeau de la France !
    N'est-il pas juste que le cœur,
Après trois ans de deuil, de honte et de souffrance,
    Se gonfle un instant de bonheur ?

Regardez, ô soldats, la cité frémissante ;
    Pendant trois ans, elle a pensé,
Sous le pied du vainqueur, à la patrie absente,
    A ce drapeau si loin chassé !

Depuis trois ans, depuis les premières batailles,
    Son œil patient et soumis
A dû voir ondoyer au vent, sur les murailles,
    L'étendard de ses ennemis.

Dès l'aube, chaque jour, elle devait entendre
    L'âpre clairon, l'affreux tambour
Qui sonnait et battait gaiement près de la cendre
    De Bazeilles et de Strasbourg !

Ne vous étonnez pas, soldats, de ce délire,
    De ces élans, de ces transports ;
Cette immense clameur jusqu'au ciel semble dire :
    La vie est revenue aux morts !

Reposez-vous, ici, dans cette ville heureuse
    Qui jette ses fleurs sous vos pas.
L'étape qui viendra sera plus périlleuse :
    J'y pensais... N'y pensiez-vous pas ?

Quand pour entrer, plus loin, parmi ces douces larmes,
    Parmi tous ces cris enivrants,
On vous commandera de reprendre vos armes ;
    Quand vous aurez serré vos rangs,

Les deux grandes cités dont le cœur vous appelle,
— O douleur que vengera Dieu! —
Verront, aux bords du Rhin, à ceux de la Moselle,
Leurs murs sur vous vomir le feu.

Du dehors il faudra que vous brisiez la porte,
Que vous fassiez brèche au rempart;
Vous aurez la mitraille et l'obus pour escorte;
En lambeaux pendra l'étendard.

Les rangs hélas! seront éclaircis; en arrière,
Combien de vous seront restés,
De leur sang généreux arrosant la poussière,
Par la mort soudaine arrêtés!

Oui, mais les survivants!... Cet espoir vous exalte :
C'est vers Metz que vous regardez;
C'est la marche en avant qu'à Nancy, dans la halte,
Silencieux vous attendez!

LA STATUE DE STRASBOURG

A PARIS

Rendez-lui son vêtement noir.
A-t-elle cessé d'être veuve ?
Est-elle au terme de l'épreuve,
Ou dans la nuit du désespoir ?

Cherchant à percer les ténèbres,
Son regard sonde l'avenir :
Notre drapeau n'a pu venir :
Rendez-lui ses voiles funèbres !

Rendez-lui ceux qu'elle portait,
A ce poste, pendant le siége,
Quand, sous les tourbillons de neige,
Son deuil sanglant nous exhortait.

Elle attendait, lorsque la bombe
De toutes parts déchirait l'air,
Que l'obus d'un autre Werder
Dans notre sol lui fît sa tombe..

Il lui manqua, ce noble sort!
Sans avoir l'héroïque couche,
Assise immobile et farouche,
Ce fut sous ces crêpes de mort

Que, dans leur heure triomphale,
Elle vit les victorieux
Qui venaient, sous ses sombres yeux,
Humilier la capitale.

Sur elle l'ennemi n'a pas,
Comme ailleurs, assouvi sa rage.
Il n'a point fait ici l'image
Semblable au Strasbourg de là-bas.

Qui, dans cette blanche assemblée[1],
Voyant la ville au front serein,
Reconnaît la cité du Rhin,
Strasbourg, la grande désolée ?

Ne laissez pas tomber des cieux
Sur elle crûment la lumière.
Elle a des pleurs sous sa paupière :
Gardez-la des rayons joyeux !

Elle qui fut notre espérance,
Notre rempart et notre orgueil,
A travers un voile de deuil
Elle doit voir ses sœurs de France.

Puis il faut pour ceux qui, parfois,
Passent ici l'âme distraite,
Qu'au lieu de la pierre muette
Le spectre noir ait une voix ;

Une voix qui dise, sévère :
« Passant hâtif, où vont tes pas ?
« Froidement ne t'éloigne pas ;
« Mais rallume ici ta colère ! »

[1] Bordeaux, Brest, Lille, Lyon, Marseille, Nantes, Rouen.

LA VENGEANCE DE SEDAN

I

Sedan !... Ce mot écrit, la main tremble et s'arrête !

Enveloppés soudain dans la noire tempête,
Habitants de Sedan, sous le ciel obscurci
Vous aviez vu passer la funèbre journée
Que n'avaient point connue Azincourt ni Crécy.
Waterloo n'était plus la pire destinée !
Sous vos yeux, dans vos murs, comme des tourbillons
Que l'ouragan emporte, escadrons, bataillons,
Pêle-mêle avaient fui, quand une armée entière

Que frappait sur ses flancs, en avant, en arrière,
L'impitoyable mort, accourait s'engouffrer
Dans l'abîme où l'honneur lui-même allait pleurer !
Vous aviez vu sur vous le cercle de mitraille
Se fermer, et partout sur l'étroite prison,
Champ de carnage alors et non plus de bataille,
Bombes, obus, pleuvoir de l'immense horizon.
Chaque fois, dans les flots de la marée humaine,
Ils traçaient à plaisir leur sillage sanglant,
Tant qu'enfin, acceptant la défaite certaine,
Sur vos remparts muets flotta le signal blanc.
Vous aviez vu, le soir et dans la nuit affreuse
Dont l'horreur succédait à ce long jour d'horreur,
Le ciel tout embrasé d'une étrange lueur.
La sinistre clarté près des bords de la Meuse
S'élevait ; mais les cris joyeux ne pouvaient pas,
A travers la distance, atteindre vos oreilles.
Là-bas, les Bavarois vainqueurs brûlaient Bazeilles
Pour avoir de ses fils soudain fait des soldats !
Si calme et si riant avant d'être héroïque,
Bazeilles, vous l'avez appris le lendemain,
Expiait — c'est l'arrêt du code germanique —
Ce crime qu'applaudit partout le genre humain.
Et puis vous aviez vu repasser par vos portes

Nos canons, noirs encor de la poudre d'hier,
Et qui, retentissant avec un bruit si fier,
Hélas ! sonnaient le glas des espérances mortes.
Ils s'en allaient livrer leur bronze à l'Allemand !
Vous aviez vu, si l'œil voit à travers les larmes,
Nos soldats — étaient-ils cent mille ? — tous sans armes,
Mornes, les rangs fermés, défiler lentement ;
Puis, sous la pluie à flots inondant la campagne,
S'acheminer, pour être, en attendant l'exil
Et la froide prison au fond de l'Allemagne,
Dans ce marais parqués ainsi qu'un troupeau vil ;
Et, suivant jusqu'au bout ce grand deuil de la France,
Ceux dont l'œil regardait les lugubres convois,
Le front bas, se traîner vers ce lieu de souffrance,
Pour gardiens du troupeau virent les Bavarois !

II[1]

Après trois ans, dans les Ardennes,
La joie a circulé des collines aux plaines :

[1] Lors de l'évacuation du département des Ardennes, au mois de juillet 1873, à peine les troupes bavaroises, parties de Charleville,

L'heure a sonné, l'ennemi part!
Quand il passe, vers lui nul ne tourne la tête;
    Mais, lui passé, chacun arrête
Sur la noire colonne un sombre et long regard.

C'est un jour de juillet, au soleil qui dévore,
    Que notre été souvent ignore,
    Jour dont l'implacable chaleur
    Réduit le sol aride en poudre,
    Et fait soudain, comme la foudre,
    Un cadavre du voyageur.

Longtemps on a marché; Sedan était l'étape.
    Quand on arrive, la mort frappe.
    Le hasard fait-il de ces choix?
Voyez quels ennemis ces habits vous rappellent :
    Ceux qui tombent ou qui chancellent,
Habitants de Sedan, ce sont des Bavarois !

---

arrivèrent-elles à Sedan, sur la place Turenne, que de nombreux soldats, frappés d'insolation, tombèrent inanimés. Huit moururent dans la journée; sept furent transportés à l'hospice dans un état désespéré. Les autres trouvèrent chez les habitants des soins qui les rappelèrent à la vie. Cet acte, accompli la veille même du jour où les troupes d'occupation quittaient Sedan d'une manière définitive, « arracha aux chefs allemands eux-mêmes des larmes de reconnaissance et d'admiration. » (*Écho des Ardennes.*)

Ils périssent ici, les bourreaux de Bazeilles !
Ménages-tu souvent des revanches pareilles,
O Justice, cachée, hélas ! au fond des cieux ?
Habitants de Sedan, vous n'avez rien à faire :
Laissez, laissez passer l'invisible colère.
Elle agit ; il suffit, à vous, d'ouvrir les yeux.

Non, chacun vient d'ouvrir ses bras et sa demeure !
Bazeilles reste en deuil ; près du Rhin Strasbourg pleure,
Et Metz, non loin de vous, exhale ses sanglots.
Vous vous êtes vengés, ô vaincus magnanimes :
 Près des tombes de leurs victimes
  Vous avez sauvé les bourreaux !

Et vous, dont vos sauveurs ont vu couler les larmes,
En attendant le jour où nous prendrons les armes,
A vos foyers heureux aurez-vous raconté
Comment, près des hameaux brûlés par votre flamme,
 La France, écoutant sa grande âme,
Incline ses vainqueurs devant sa charité ?

LE CONSCRIT D'ALSACE-LORRAINE

EN ALLEMAGNE

Ce sont donc eux, les ennemis
Qui m'oppriment et que j'abhorre,
Eux qui feignent de croire encore
Que nos cœurs leur seront soumis;

Ce sont eux qui, dans leur folie,
Mettent cette arme entre mes mains !
On se souvient chez vous, Germains :
Chez nous, pensez-vous qu'on oublie ?

Le pensez-vous, qu'un jour viendra
Où, derrière votre conquête,
La France lèvera la tête,
Où sa marche résonnera ?

Et, dans votre horrible chimère,
Vous me voyez percer son flanc ?
Si cette arme verse du sang,
Ce serait celui de ma mère ?

Comment donc ne craignez-vous pas
Que parmi vous la foudre éclate ;
Qu'à travers un fleuve écarlate,
Tous, nous rejoignions nos soldats ?

Je sais : vous veillerez sans doute ;
Plus nombreux et les rangs serrés,
Alors vous nous empêcherez
De prendre la sanglante route.

Mais, au milieu du sombre effort,
Trompée, hélas ! par la distance,
Peut-être la main de la France
Nous enverrait, de loin, la mort.

Ce trépas aurait quelque gloire.
Nos frères le sauraient après :
Français frappés par des Français,
Nous aiderions à leur victoire !

Car, si les crimes sont punis,
De nos destins si Dieu décide,
O vous, auteurs du fratricide,
Germains, Dieu vous aurait maudits !

LE MONUMENT DE LA VICTOIRE

A BERLIN[1]

Dresse ton monument, ô Prusse, à la Victoire ;
Appelle autour de lui tes fils et l'étranger ;
Notre bouche n'a point à parler de ta gloire,
Et l'insulte sied mal à qui veut se venger.

Use donc de ton droit. Ce n'est point une injure
A mettre plus de flamme en nos cœurs si brûlants :
Tes outrages déjà dépassaient la mesure ;
Tu nous laisses, plus près, des affronts plus sanglants.

---

[1] Un des bas-reliefs de ce monument est consacré à la bataille de Sadowa. On sait que, dans cette campagne, les troupes de la Confédération germanique, unie à l'Autriche, furent battues par les Prussiens, et entre autres les Bavarois à Dermbach par le général de Gœben, et à Kissingen par le général Vogel de Falkenstein.

Il nous reste de toi, sur la terre natale,
Bien d'autres souvenirs qui nous parleront mieux ;
Mais, Allemands, Berlin, c'est votre capitale :
Cet éclatant trophée, il est fait pour vos yeux !

Si jamais vous sentiez s'obscurcir vos mémoires,
Venez, il vous rendra votre éblouissement ;
Et chacun de ces noms vous répète vos gloires,
Peuples frères, ô fils de l'empire allemand !

Que le même rayon dans tous vos regards brille ;
C'est ici que vos cœurs pourront s'épanouir !
Les plus doux des bonheurs sont ceux de la famille :
O vainqueurs, entre vous venez vous réjouir !

Mais, parmi les exploits d'où naquit votre empire
Et que d'un burin fier sur ce bronze on grava,
Avant les noms français que je ne veux pas lire,
Je veux vous en montrer un du moins : Sadowa.

Sadowa !... Vous savez ce que ce mot recèle ;
Vous combattiez alors, Hessois, Wurtembergeois ;
Vous combattiez, Saxons ; et Sadowa s'appelle
Dermbach et Kissingen pour vous, ô Bavarois !

Sadowa! c'est le nom unique qui résume
Tous les autres, alors que, d'un commun effort,
Vous cherchiez vainement à briser sur l'enclume
Le joug d'acier, forgé pour vous tous dans le Nord !

Pour les avoir reçus, vous connaissiez d'avance
Quels coups forts sont frappés par vos héros germains ;
Falkenstein, Manteuffel, avant d'entrer en France,
N'avaient-ils pas du sang, le vôtre, sur leurs mains ?

Qu'importe ? Entourez-la, cette haute colonne
Qu'en votre honneur à tous dressa le frère aîné ;
Ce n'est pas pour si peu que chez vous on s'étonne :
Le trophée est ainsi plus richement orné !

En quoi ce souvenir pourrait-il vous déplaire ?
Avec raison l'aîné compta sur votre cœur :
Doit-on être envieux du triomphe d'un frère ?
Si vous fûtes vaincus, n'est-il pas le vainqueur ?

Hurrah donc ! Wurtemberg, Hesse, Nassau, Bavière,
Hanovre, Saxe, ici courbez gaiement le front !
Hurrah ! saluez-la, cette colonne altière,
Et tout près de la gloire applaudissez l'affront !

LA LUMIÈRE

ACTIONS DE GRACES DE L'ALSACE A L'ALLEMAGNE

Ils répétaient : — « Il faut nous croire.
« Reconnaissez la voix du sang :
« Entendez-vous parler l'histoire ?
« Écoutez votre propre accent.

« Tout le dit : nous sommes vos frères !
« Vous avez un maître étranger ;
« Nous souffrions de vos misères,
« Et nous voici pour vous venger. »

— Nous avions oublié l'outrage,
Nous osions nier le bienfait ;
Nous gémissions dans l'esclavage ;
Et nul de nous ne le savait !

L'histoire, pour notre ignorance,
C'étaient deux siècles écoulés
Sous les beaux drapeaux de la France,
Notre sang et son sang mêlés.

Et nous pensions, peuple frivole,
Qu'une âme unique, un même cœur,
Plus que le son de la parole,
Font les frères : ô lourde erreur !

Depuis, la lumière s'est faite,
Et nos frères nous ont instruits,
Durant les jours de leur conquête,
Pendant ces glorieuses nuits.

Alors, pour venger nos injures,
Quand ils luttaient sur notre sol,
Quand à la bombe aux ailes sûres
Leur science assignait son vol ;

Quand, pleins d'un respect héroïque
Pour les murs de nos vieux remparts,
A ceux du foyer domestique
Ils s'attaquaient de toutes parts ;

Quand ils enveloppaient de flammes
Le dernier abri des mourants,
Qu'ils nous tuaient enfants et femmes ;
Quand leurs regards indifférents,

Par-dessus la guerrière enceinte,
Choisissaient, pour porter le feu,
Dans la cité la maison sainte
Ou de la science ou de Dieu,

Immenses clartés que l'Alsace,
L'œil ardent fixé sur Strasbourg,
Regardait vous faire une place
Dans les ténèbres d'alentour,

Vous fûtes pour nous la lumière !
Honneur à qui nous éclaira !
Merci ; nul, dans l'Alsace entière,
Nous le jurons, ne l'oubliera !

AUX MARINS DE 1870

Jamais, pour fuir le naufrage
Sur l'Océan irrité,
Dans l'horreur d'aucun orage
Vous n'aviez ainsi lutté.
Mais, s'il est affreux d'entendre
Craquer et de voir descendre
Dans la mer le grand vaisseau,
Qu'est-ce auprès de l'heure sombre,
Où c'est le pays qui sombre
Et qu'engloutit le tombeau ?

Ce pays, c'était la France !
Un instant, ce fut assez.
Soudain, par la plaie immense
Les flots s'étaient élancés.
Ils étaient entrés en foule,
Et toujours la grande houle
Emportait débris et morts.
Où trouver pour la patrie
Une digue à leur furie ?
Vous accourûtes alors !

Vous, dont l'Océan naguère,
Seul, connaissait les combats,
Apprenant une autre guerre,
Vous vous fîtes nos soldats !
Qu'une ville, en ces alarmes,
Cherchât à saisir des armes
Pour résister quelque part,
Où lui manquait la muraille
Sous le feu de la bataille
Vous vous faisiez son rempart !

Entre toutes j'en sais une
Où vivra ce souvenir.

Sous la tempête commune
Comme elle vous vit grandir !
Si, fidèle à sa devise,
Paris, sur l'écueil qui brise
L'esquif, ne s'est point perdu ;
Dans l'infortune profonde,
S'il eut le respect du monde,
Sans vous, marins, qu'eût-il pu ?

Comme sur la mer lointaine,
Vos yeux perçants observaient
Les menaces de la plaine,
Et vos noirs canons grondaient.
Du pays quel long silence !
Si nous, du moins, à la France
Nous parlâmes quelquefois,
Navigateurs intrépides,
Voguant dans les vents rapides,
Vous lui portiez notre voix !

A vous l'honneur de défendre
Nos forts les plus menacés !
C'était vous qui saviez rendre
Les coups les mieux adressés !

Comme une flotte immobile,
Ces forts, protégeant la ville,
Ne cessaient pas de rugir.
Vous appeliez l'abordage ;
Mais hélas ! votre courage
L'espéra sans l'obtenir !

Il vint une heure fatale.
Invulnérable à vos coups,
La faim dans la capitale
Se glissa derrière vous.
Mes yeux versèrent des larmes
Devant ces héros sans armes,
Invaincus, mais impuissants.
La mort leur faisait envie ;
Mais, pensant à notre vie,
Ils rentraient obéissants.

Maintenant sur bien des plages
Au loin encor dispersés,
Vous retrouvez les orages
Que, si fiers, vous traversez.
Parmi vous, plus d'un sans doute,
Dans les jours où sur la route

Ne doit pas surgir l'écueil,
Raconte à son auditoire
L'étrange et poignante histoire :
Ces longs combats et ce deuil.

Votre mémoire ici reste
Dans l'âme, pour rassurer
Ceux qui, dans ce temps funeste,
Ne peuvent désespérer.
Quand, souffrant de nos blessures,
Vers les revanches futures
Je sens voler mon désir,
Pour cet héroïque ouvrage,
Je façonne à votre image
Nos soldats de l'avenir !

LE REVENANT

Aux clartés douces de l'aurore,
Dans les airs voyez voltiger
Ce drapeau qu'épie et qu'abhorre
L'œil haineux du maître étranger !

Hier soir, ces couleurs proscrites
N'osaient se montrer nulle part.
Comment ces visions subites
Fatiguent-elles son regard ?

Le clocher aigu du village,
La cime du haut peuplier,
Au bord des eaux dont le mirage
Répète en bas le signe altier,

La flèche de la cathédrale
Perçant l'azur profond des cieux ;
Tout point inaccessible étale
Le drapeau jadis radieux.

L'éclat de son antique gloire
Pour un instant s'est obscurci.
Mais l'amour, dans cette heure noire,
Le prend et le relève ainsi ;

Il revient, signe d'espérance,
Sous les frais baisers du matin !
Dans ses fers, l'Alsace à la France
Adresse son salut lointain !

Le maître regarde et s'indigne.
Lourdement il monte ; sa main,
S'il atteint cet odieux signe,
S'étend, l'arrache… mais demain ?

Le lendemain le cher symbole
Flotte : à l'aube il est revenu.
Près de lui l'oiseau léger vole ;
En bas, chacun l'a reconnu.

Il ne suffit plus qu'on l'arrache.
Cette fois-ci, l'arbre mourra !
Et l'Allemand saisit sa hache.
L'arbre crie et tombe... Hurrah !

La cathédrale est bien plus haute,
Et le vertige la défend.
Notre drapeau devint son hôte,
Porté par l'amour triomphant.

Mais l'Allemand a moins d'audace.
Il pâlit... Notre cher trésor
Enfin est chassé de sa place !
Le maître est calme ? Pas encor.

Tout près des arbres morts, leurs frères
A leur tour se sont pavoisés.
Qu'importent, maîtres, vos colères ?
Déchirez, arrachez, brisez !

Après le peuplier, le chêne !
Après le chêne, le sapin !
Dépouillez tout, colline et plaine ;
Vos yeux, aux clartés du matin,

Verront, sur ce sol redoutable
Qui s'apprête à vous rejeter,
Le revenant infatigable
Reparaître, et — plus tard — rester !

LES DERNIÈRES HEURES

DU BOMBARDEMENT DE PARIS

Nous nous rendions, non pas que, par la brèche ouverte,
 Paris eût vu les Allemands,
Fêtant par leurs hurrahs leur triomphe et sa perte,
 Bondir jusqu'à ses monuments.

Ils n'avaient pas contraint nos canons au silence ;
 Debout toujours, quoique blessés,
Derrière leurs débris poursuivant la défense,
 Nos forts n'étaient point terrassés.

L'ennemi n'était point descendu des collines ;
    Le vainqueur n'avait point tenté
De mettre vaillamment le pied sur ces ruines,
    Pour mieux foudroyer la cité.

Nous nous rendions : non pas que l'obus et la bombe,
    Qui venaient, dans les froides nuits,
Sous nos toits écroulés nous creuser une tombe,
    Par la peur nous eussent réduits.

Paris avait trompé l'Allemagne savante ;
    Devant le prophète étonné
Les jours se succédaient, l'heure de l'épouvante
    Dans nos murs n'avait point sonné !

La bombe, sillonnant de sa courbe hardie
    Les cieux noirs, éclatait sur nous.
Elle portait, bien plus qu'aux foyers l'incendie,
    La fureur dans le cœur de tous.

Si donc nous nous rendions, c'est qu'après la souffrance
    La famine arrivait enfin ;
Que soudain, tout entier, avec son peuple immense,
    Paris allait mourir de faim ;

Qu'alors tout expirait, enfants, vieillards et femmes ;
  Qu'alors, ne le voulût-on pas,
Le sépulcre était comble, et deux millions d'âmes
  Partaient ensemble d'ici-bas !

Cela, vous le saviez. On écrivait la page
  Qui devait, dans quelques instants,
Quand sonnerait minuit, faire trêve au carnage...
  Horreur ! voici le prix du temps !

La nuit est descendue, et l'horizon s'allume.
  Tout à l'heure, il faudra cesser ;
Hâtez-vous ; rechargez le canon chaud qui fume ;
  C'est le moment de se presser.

Le repos, vous l'aurez dans les dernières heures,
  Depuis minuit jusqu'au matin.
Employez celles-ci ; ce seront les meilleures :
  Mort au Welche ! Mort au Latin !

Et l'obus, se mêlant à la bombe joyeuse,
  De bondir et de rebondir,
Comme, à la fin du bal, font danseur et danseuse,
  Insatiables de plaisir.

Regrettant de laisser cette fête incomplète,
  L'orchestre des mortiers tonnait.
Puis vint une minute où, dans la nuit muette,
  Ils se turent : Minuit sonnait !

O vainqueurs ! ô soldats de la grande Allemagne !
  Vous qui prétendiez qu'avec vous
Dieu, le Dieu des combats, marche et vous accompagne,
  Les voyait-il, ces derniers coups ?

Les avez-vous montrés à son regard terrible ?
  O vainqueurs, avez-vous osé
Lui dire : « Guide-les ! Dans l'ombre vois la cible :
  « C'est notre adversaire écrasé ! »

Avant cette minute, épargner la demeure
  Où l'enfant cherchait à dormir,
Était-ce retarder le triomphe d'une heure,
  Ou renoncer à le ternir ?

Que pouvaient de la mort ces suprêmes ministres ?
  Notre main venait de signer :
Nous nous étions rendus ; vos instruments sinistres
  Ne pouvaient plus qu'assassiner !

Celui qui lutte encor, qu'on l'abatte et le tue :
  C'est le dur labeur du soldat.
Mais tuer, quand déjà la force est abattue,
  Mais tuer après le combat !...

Non, je ne parle point votre langue germaine,
  Mais j'en appelle au monde entier;
N'est-ce pas que cela, dans toute langue humaine,
  Est l'acte vil du meurtrier ?

LES COLONS D'ALSACE-LORRAINE

EN ALGÉRIE

Ce ne sont plus les frais vallons
Qu'arrosent partout les eaux pures
Dont on entend les doux murmures
Sous les rideaux verts des houblons;

Ce n'est plus l'opulente plaine
Qui, sans tarir son sein fécond,
Depuis tant de siècles répond
Au travail de la main humaine;

Ni les hameaux riants et fiers
Du labeur de leur vie active,
Et du fleuve animant la rive
Près des cités aux vieux munsters.

C'est presque encor la solitude;
La terre ne refuse pas
D'enrichir les robustes bras ;
Mais le travail est long et rude.

C'est le sol vierge à défricher :
L'air est brûlant; rare est la source;
Pour qu'elle prenne au jour sa course,
Il faut creuser et la chercher.

Monts et forêts ont l'air farouche.
Comme la France est loin d'ici !
On prétend que c'est elle aussi :
L'œil ne dément-il pas la bouche ?

Sous ce soleil, autour de vous,
Exilés de la blonde Alsace,
La connaissez-vous, cette race
Aux fronts bronzés, aux blancs burnous?

Entre vous que de dissemblances !
L'un musulman, l'autre chrétien !
Pourtant vous avez un lien :
Celui des communes vengeances !

A Wissembourg, à Reischoffen,
Dans la lutte inégale et sombre
Où la valeur contre le nombre
En vain défendit votre Éden,

Avec quelle ardente furie
Ils combattaient ! Vous l'avez vu.
Leur sang à flots s'est répandu
Sur le sol de votre patrie.

Et quand vous les voyez passer,
Quand, entre vous, sans vous comprendre,
Vous avez un salut à rendre,
Quelquefois vous devez penser :

Les grands yeux noirs et les dents blanches
De ces sauvages compagnons,
Sans doute nous les reverrons,
Près de nous, au jour des revanches !

REVENDICATIONS

Quand de Moltke et Bismark nous traçaient nos frontières,
    Quand près de Metz erraient leurs doigts,
Parcourant d'un coup d'œil ces campagnes guerrières,
    Leur monarque éleva la voix :

« C'est à moi de parler ; car ceci me regarde : »
    Et son doigt montrait Saint-Privat.
« Cette terre est *- 'l le tombeau de ma garde ! »
    Il voul qu'on nous 'enlevât.

Et ces morts allemands dorment en Allemagne,
    Le vainqueur du moins le prétend.
Puisqu'il eut jusqu'au bout la force pour compagne,
    Puisqu'il l'a pu, qu'il soit content !

Mais, si sa piété s'est ainsi satisfaite,
    Les vaincus ont la leur aussi ;
Les vivants pour un jour acceptent leur défaite,
    Mais leurs morts restent leur souci.

Ceux-là de Reischoffen et ceux de Gravelotte,
    Quel sol leur sang arrosa-t-il ?
Ils mouraient pour la France, et la France sanglote
    De voir leurs tombes dans l'exil.

Les vivants ont du moins pu quitter cette terre ;
    On leur a permis de choisir !
Mais eux, eux que la mort contraignait à se taire,
    Que sa main empêchait de fuir,

Eux dont le nom proteste et le sang vaillant crie,
    Eux qui là-bas se sont couchés
Pour demeurer Français, du sein de la patrie
    Pour jamais sont-ils arrachés ?

Non, non : nous souffrons trop de cette violence ;
    Nous avons à vous honorer ;
Et vous serez, ô morts, des trésors de la France
    Un des plus chers à recouvrer !

Nos mains veulent sur vous déposer la couronne,
    Nos yeux sur vous verser leurs pleurs ;
Puisque c'est un des droits que la victoire donne,
    A notre tour d'être vainqueurs !

Ce jour-là, pénétrons plus loin dans notre histoire,
    N'en laissons rien aux Allemands ;
De nos derniers malheurs, de notre ancienne gloire
    Reprenons tous les monuments !

Nous devons retrouver au bord du même fleuve,
    Sans avoir à passer le Rhin,
Les quatre grands soldats[1] pour qui la France veuve
    Dressa le granit ou l'airain.

Strasbourg, notre Strasbourg pleuré de tant de larmes,
    Strasbourg qui se montrait si fier
D'offrir à nos regards ces deux compagnons d'armes,
    Nous rendra Desaix et Kléber !

[1] Voir page 119.

Plus haut, c'est leur Coblentz qui garde les deux autres,
    Que Coblentz demeure aux Germains;
Du moins Hoche et Marceau ne sont-ils pas des nôtres?
    Pourquoi sont-ils entre leurs mains?

Revendiquons ainsi nos pieuses reliques,
    Tombeaux des récentes douleurs,
Où reposent obscurs nos vaincus héroïques,
    Et vieux monuments des vainqueurs;

Et qu'ayant reconquis cette sainte poussière,
    La France puisse pour jamais,
Devant les souvenirs de sa vertu guerrière,
    Rentrer dans l'honneur de sa paix!

LA PLAINTE DE METZ

Les sanglots sourds de ta douleur
Dans mon cœur morne retentissent.
Si les infortunés s'unissent,
Embrassons-nous, Strasbourg, ma sœur !

Nos bras portent la flétrissure
Et le sillon des mêmes fers ;
Le bourreau, déchirant nos chairs,
Nous fait au sein même blessure !

Mais je sais comment tu tombas.
Quand, près de toi, dans cet abîme,
Je roulai, seconde victime,
Sœur, je ne te ressemblais pas !

Je t'y vis telle que la flamme
T'avait faite en si peu d'instants,
Telle que sont les combattants
Qui sentent s'échapper leur âme !

Tu contemplais d'un œil serein
Ton corps mutilé par les bombes,
Et, pleurant, tu comptais les tombes
De tes enfants morts sur ton sein !

Moi, je tombai, pleine de vie !
Moi, dont on dévore le cœur,
Mon corps était entier ! O sœur,
Strasbourg, je te portais envie !

J'avais vu, tout autour de moi,
La mort frapper dans les batailles.
Nul coup n'effleura mes murailles,
Et du sort j'accusais la loi.

Aujourd'hui que sa main cruelle
Sur nous deux pèse également,
Il me semble qu'à mon tourment
J'ajoute quand je me rappelle ;

Et je murmure et je me plains,
Et mon cœur se surprend à dire :
« O ma compagne de martyre,
« Je baise tes stigmates saints !

« Mais regarde une autre souffrance :
« Je pleure hélas ! ma liberté,
« Sans que mon corps ensanglanté
« Ait été broyé pour la France! »

LA GUERRE FUTURE.

Debout! voici l'heure arrivée.
Ce ne sont plus quelques soldats,
C'est la France qui s'est levée
Tout entière, ardente aux combats.
Si jamais tu couvris de gloire
Nos vieux drapeaux, reviens, victoire,
Reconnais-les : plane sur eux !
Toi qui fus sévère, sois juste,
Et refais l'édifice auguste,
Le cher pays de nos aïeux !

Au départ, point de cris de fête !
C'est plus tard qu'ils éclateront,
Lorsque la tâche sera faite,
Quand sera lavé notre affront.
Pour aliment à notre joie
Nous ne demandons pas de proie
Qui reste dans nos bras sanglants
Mais notre rêve et notre attente,
C'est de montrer agonisante
La violence aux violents !

Détruisons leur œuvre cruelle.
Oh ! comme on va compter nos coups !
Entre le Rhin et la Moselle
Combien de cœurs battent pour nous !
Comme on y tend déjà l'oreille,
Écoutant si l'écho s'éveille
Au son connu de ce tambour
Qui doit annoncer aux vallées
Qu'elles vont revoir, consolées,
Passer la France de retour !

En avant ! Il faut que nos armes
Aillent, plus loin, parmi les cris,

La terreur, le sang, les alarmes,
Ressaisir ce qui nous fut pris.
Il faut que notre pied poursuive
Jusque chez lui, sur l'autre rive,
Le ravisseur ; que notre bras
Sur son propre sol le terrasse,
Que nous broyions la main tenace
Dont les doigts ne se rouvrent pas.

C'est notre tour, dure Allemagne !
Tu nous laissas à méditer,
Ici, ta dernière campagne.
N'est-il pas bon de t'imiter ?
Ta savante et calme rapine,
D'un pas mesuré la ruine
Faisant son farouche chemin,
De loin la bombe et la tuerie,
Le carnage sans la furie;
Faut-il s'en souvenir demain?

On peut te dire tes maximes ;
Nous t'avons gardé tes décrets,
Ta justice inventant les crimes
Qu'elle punit par ses forfaits ;

La flamme sur toute une ville,
Si quelque volonté virile
Cherche à lutter ; ce feu vengeur
Anéantissant le village
Témoin coupable du courage
A combattre l'envahisseur !

Nous nous souviendrons ! — Il importe
Que tu ne puisses revenir !
Que ce noir passé nous exhorte,
Dans la mêlée, à bien agir !
Quand on survit à ce supplice,
Il faut que le cœur en frémisse
Pour rendre invincible le bras ;
Pour chasser, malgré leurs fanfares,
Ceux qui sont restés les barbares.
En faisant œuvre de soldats !

Mais, nous, nos mémoires sont fières !
Si ton front est humilié,
Tes campagnes et tes chaumières
Pourront dire : — Ils ont oublié ! —
Hier, à tous, ta voix hautaine
Vantait la victoire germaine ;

Pour demain notre ambition
Est, lui montrant notre victoire,
De faire juger par l'histoire
Quelle est la grande nation !

NOTES

NOTES

LA CHANSON DE L'ÉPÉE

DE KŒRNER

(TRADUCTION DE SAINT-MARC GIRARDIN)

(P. 1.)

LE CAVALIER.

is-moi, ma bonne Épée, l'épée de mon flanc, pour-
oi l'éclair de ton regard est-il aujourd'hui si ar-
nt? Tu me regardes d'un œil d'amour, ma bonne
ée, l'épée qui fais ma joie. Hurrah!

L'ÉPÉE.

C'est que c'est un brave cavalier qui me porte; voilà ce qui enflamme mon regard. C'est que je suis la force d'un homme libre; voilà ce qui fait ma joie. Hurrah!

LE CAVALIER.

Oui, mon Épée, oui, je suis un homme libre, et je t'aime du fond du cœur. Je t'aime comme si tu m'étais fiancée; je t'aime comme une maîtresse chérie. Hurrah!

L'ÉPÉE.

Et moi, je me suis donnée à toi! A toi ma vie; à toi mon âme d'acier! Ah! si nous sommes fiancés, quand me diras-tu : Viens, viens, ma maîtresse chérie! Hurrah!

LE CAVALIER.

Aux lueurs de l'aurore, au beau matin des noces, quand la trompette sonnera les airs de fête, quand le canon retentira : Viens, dirai-je alors, viens, mon amour! Hurrah!

L'ÉPÉE.

O beau jour! ô douces étreintes! Que je l'attends avec impatience! O mon ami, dis-moi de venir. Je suis belle et vierge; c'est pour toi que je me réserve. Hurrah !

LE CAVALIER.

Mon amie, ma belle amie d'acier, pourquoi tressaillir ainsi dans le fourreau ? Pourquoi cette colère et cette ardeur de bataille ? Mon Épée, qui te fait tressaillir ainsi ? Hurrah !

L'ÉPÉE.

Pourquoi je tressaille dans le fourreau ? C'est que j'aspire au jour du combat; c'est que j'ai soif de sang. Voilà, cavalier, voilà pourquoi je tressaille dans le fourreau. Hurrah !

LE CAVALIER.

Patience, mon amour ! Demeure, demeure encore : patience, jeune fille. Reste dans ta chambrette; bientôt je te dirai de venir ! Hurrah !

L'ÉPÉE.

Ah ! ne me fais pas longtemps attendre. Que je voie le champ de bataille; que je voie ce jardin d'amour semé de roses sanglantes ! Comme la mort s'y épanouit ! Hurrah !

LE CAVALIER.

Viens donc, viens, ô toi qui fais la joie du cavalier ; viens, ma fiancée ; viens, mon épouse ; je vais te mener dans la demeure de mes pères. Hurrah !

L'ÉPÉE, *hors du fourreau.*

Je suis libre ! Ah ! que cet air est pur ! Salut, danses des noces ! Vois comme mon acier brille aux feux du soleil ; c'est la joie de l'amour qui lui donne cet éclat. Hurrah !

LE CAVALIER, *à ses compagnons.*

Et nous, marchons, mes amis ! En avant, cavaliers allemands ! Votre cœur tarde bien à s'échauffer ! Allons, prenez votre maîtresse dans vos bras ! Hurrah !

Elle est trop longtemps restée blottie à votre gauche ; à droite maintenant ! C'est de la main droite que Dieu veut que les amants se fiancent ! Hurrah !

Allons, embrassez votre fiancée ; pressez ses lèvres d'acier sur vos lèvres. Allons, et honte à qui délaissera sa maîtresse ! Hurrah !

Et toi, chante, mon amour, chante ; va, laisse pétiller l'éclair de tes yeux : voici le matin des noces. Hurrah ! Ma belle fiancée ; ma fiancée d'acier. Hurrah !

REDDITION DE MAYENCE

(P. 41)

« Nous vîmes le défilé venir à nous dans toute sa solennité. Des cavaliers prussiens ouvraient la marche ; la garnison française suivait. Rien de plus singulier que la manière dont cette marche s'annonçait : une colonne de Marseillais, petits, noirs, bariolés, déguenillés, s'avançaient à petits pas ; on eût dit que le roi Edwin avait ouvert sa montagne, et lâché sa joyeuse armée de nains. Ensuite venaient des troupes plus régulières, sérieuses et mécontentes, mais non abattues ni humiliées. Cependant l'apparition la plus remarquable, et qui frappa tout le monde fut celle des chasseurs à cheval. Ils s'étaient avancés jusqu'à nous dans un complet silence : tout à coup leur musique fit entendre *la Marseillaise*. Ce *Te Deum* révolutionnaire a quelque chose de triste et de menaçant, même lorsqu'il est vivement exécuté ; mais, cette fois, les musiciens le jouaient très-lentement, réglant la mesure sur leur marche traînante. L'effet fut saisissant et terrible, et le coup d'œil imposant, quand ces cavaliers, qui étaient tous de grande taille, maigres et d'un certain âge, et dont la mine s'accordait avec ces accents, passèrent devant nous. »

(GŒTHE, *Mélanges.*)

HOCHE, MARCEAU, KLÉBER ET DESAIX[1]

(P. 99.)

« C'était le jeune, l'héroïque, le sublime *Hoche*, qui devait vivre si peu, celui que personne ne put voir sans l'adorer. — C'était la pureté même, cette noble figure virginale et guerrière, *Marceau*, pleuré de l'ennemi. — C'était l'ouragan des batailles, le co-

---

[1] Un monument a été érigé par l'armée de Sambre-et-Meuse, en l'honneur de son général Hoche, à Wissenthürm, entre Andernach et Coblentz; un autre a été élevé à Marceau, tout près de Coblentz, entre la rive gauche du Rhin et la rive gauche de la Moselle. — A Strasbourg, outre la statue de Kléber, on voit un monument érigé par l'armée du Rhin, en l'honneur de Desaix, près du pont de Kehl, que ce général avait vaillamment défendu en 1796.

lérique *Kléber* qui, sous cet aspect terrible, eut le cœur humain et bon, qui, dans ses notes secrètes, plaint la nuit les campagnes vendéennes qu'il lui faut ravager le jour. — C'était l'homme de sacrifice qui voulut toujours le devoir, et la gloire pour lui jamais, qui la donna souvent aux autres, et même aux dépens de sa vie, un juste, un héros, un saint, l'irréprochable *Desaix*. »

(MICHELET, *Hist. de la Révolution française.*)

TABLE

TABLE

Kœrner fit chanter à l'Epée.	1
Cartes de France et d'Allemagne	3
Le dernier jour de l'option.	7
La libération	17
Le salut	21
A nos écoliers.	25
Le bouquet de Strasbourg..	29
Un rêve interrompu.	33
La statue de Kléber à Strasbourg	37
Les espions.	43
Le fou	47

Rentrée de l'armée française à Nancy	51
La statue de Strasbourg à Paris	55
La vengeance de Sedan	59
Le conscrit d'Alsace-Lorraine en Allemagne	65
Le monument de la Victoire à Berlin	69
La lumière	73
Aux marins de 1870	77
Le revenant	83
Les dernières heures du bombardement de Paris	87
Les colons d'Alsace-Lorraine en Algérie	93
Revendications	97
La plainte de Metz	101
La guerre future	105
Notes	

PARIS. — IMPRIMERIE SIMON RAÇON ET COMP., RUE D'ERFURTH, 1.

www.ingramcontent.com/pod-product-compliance
Lightning Source LLC
Chambersburg PA
CBHW060159100426
42744CB00007B/1095